180 AFFAIRES RÉSOLUS EN LANGAGE DAX

POWER BI

l'intelligence d'entreprise

Ramón J. Castro

Revised edition by Irene Castro Miranda

Nous ne savons pas quand il pleuvra ni combien il tom-
bera, mais quand il pleuvra, nous savons où il passera.

Index

Introduction

Ce livre est conçu comme un guide rapide qui compile un total de 180 études de cas courants du langage DAX pour une résolution rapide. Tout le code DAX rassemblé dans le livre peut être testé grâce au fichier 180_Casos_Resueltos_en_Lenguaje_DAX.pbix accessible en téléchargement :

www.facebook.com/180casosresueltosenlenguajedax

180 affaires résolues en langage DAX est le premier de quatre guides rapides pour résoudre des affaires en langage DAX. Les autres titres sont :

- 90 affaires résolues sur l'intelligence temporelle en Dax.
- 80 affaires résolues sur les statistiques en Dax
- 60 affaires résolues sur la finance en Dax

Cases résolues

001. Créer le tableau CALENDRIER
Outils de tableau > nouveau tableau

```
Calendar =
ADDCOLUMNS (
        //date de début, date de fin
        CALENDAR ( MIN ( Sales[Date] ), TODAY () ),

        //valeurs numériques
        "year", YEAR ( [Date] ),
        "month", MONTH ( [Date] ),
        "day", DAY ( [Date] ),
        "quarter", QUARTER ( [Date] ),
        "weekDay", WEEKDAY ( [Date] ),
        "weekNum", WEEKNUM ( [Date] ),

        //valeurs de texte
        "monthName", FORMAT ( [Date], "MMM" ),
        "weekDayName", FORMAT ( [Date], "DDD" ),
        "quarterName", SWITCH ( QUARTER ( [Date] ), 1,
"First", 2, "Second", 3, "Third", 4, "quarter")
)
```

002. Créer un tableau vide
Outils de tableau > nouveau tableau

```
Customer Complaints =
//créer un tableau et insérer des données
//colonne name , type de champ (INTEGER, DOUBLE,
STRING, BOOLEAN, CURRENCY, DATETIME)
DATATABLE (
        "Country", STRING,
        "Complaints", INTEGER,
        "Year", DATETIME,
```

        //introduction des données dans les champs suite à la commande précédente
        {
        { "Canada", 32, 2014 },
        { "Germany", 26, 2014 },
        { "France", 42, 2014 },
        { "Mexico", 18, 2014 },
        { "USA", 38, 2014 },
        { "Canada", 12, 2015 },
        { "Germany", 32, 2015 },
        { "France", 24, 2015 },
        { "Mexico", 30, 2015 },
        { "USA", 27, 2015 },
        { "Canada", 23, 2016 },
        { "Germany", 24, 2016 },
        { "France", 36, 2016 },
        { "Mexico", 27, 2016 },
        { "USA", 32, 2016 }
        }
)

003. Créer un tableau avec des valeurs uniques d'une colonne

Outils de tableau > nouveau tableau

Fields with unique values =
//sur une colonne
DISTINCT(Sales[Country])

004. Création d'un tableau avec des lignes uniques à partir d'un tableau

Outils de tableau > nouveau tableau

Rows with unique values =

//sur une table renvoie des lignes uniques
DISTINCT(Sales)

005. Créer un tableau calculé (1)

Outils de tableau > nouveau tableau

Total and Subtotal per category (1) =
//créer un tableau qui regroupe les sous-totaux par catégories
SUMMARIZE(
        //tableau ou expression renvoyant un tableau
        Sales,
         //colonne pour regrouper par
        ROLLUP(Sales[Contry]),
         //expressions calculées
        "Sum", SUM(Sales[Sales]),
        "Avg", AVERAGE(Sales[Sales])
)

006. Créer un tableau calculé (2)

Outils de tableau > nouveau tableau

Total and Subtotal per category (2) =
//créer un tableau qui regroupe les sous-totaux par catégorie à partir de plusieurs filtres
SUMMARIZE(
        //tableau ou expression renvoyant un tableau
        CALCULATETABLE(
        //tableau ou expression renvoyant un tableau
                Sales,
                //application de filtres au tableau résul-
        tant
                FILTER(Sales, Sales[Sales]>10000),
                FILTER(Sector, Sector[Sector]="Midmar-
        ket")

                ),
                //colonne pour regrouper par
                ROLLUP(Sales[Country]),
                //expressions calculées
                "Sum", SUM(Sales[Sales]),
                "Avg", AVERAGE(Sales[Sales])
)

007. Créer un tableau calculé (3)
Outils de tableau > nouveau tableau

Total and Subtotal per category (3) =
//créer un tableau qui regroupe les sous-totaux par catégories
SUMMARIZE(
        //tableau ou expression renvoyant un tableau
        SUMMARIZE(
        //tableau ou expression renvoyant un tableau
                Sales,
                //tableau résultant
                Sales[Country],
                Calendar[Year],
                Sales[Sales]
        ),
        //colonne pour regrouper par
        ROLLUP('Calendar'[year]),
        //expressions calculées
        "Sum", SUM(Sales[Sales]),
        "Avg", AVERAGE(Sales[Sales])
)

008. Créer un tableau calculé (4)
Outils de tableau > nouveau tableau

Total and Subtotal per >1 category (4) =

```
//créer un tableau qui regroupe les sous-totaux par plu-
sieurs catégories
ADDCOLUMNS(
        //tableau ou expression renvoyant un tableau
        SUMMARIZE(
        //tableau ou expression renvoyant un tableau
                Sales,
                //colonne pour regrouper par
                Sales[Country],
                Calendar[Year]
        ),
        //expressions calculées
        "Sum", CALCULATE(SUM(Sales[ Sales])),
        "Avg",  CALCULATE(AVERAGE(Sales[ Sales]))
)
```

009. Créer un tableau calculé (5)

Outils de tableau > nouveau tableau

```
Sales on 2016 =
//créer une table qui répond à une condition
CALCULATETABLE(
        //tableau ou expression renvoyant un tableau
        Sales ,
        //filtre
        'Calendar'[year] = 2016
)
```

010. Créer un tableau calculé (6)

Outils de tableau > nouveau tableau

```
Sales on Canada 2016 =
//créer une table qui répond à une condition de plus
CALCULATETABLE (
        //tableau ou expression renvoyant un tableau
```

```
Sales,
//filtres
Sales[Country] = "Canada",
'Calendar'[year] = 2016
)
```

011. Créer un tableau calculé (7)
Outils de tableau > nouveau tableau

```
Sales to salesman per sector =
//créer un tableau en sélectionnant les colonnes d'un au-
tre tableau
SELECTCOLUMNS (
        //tableau de source
        Sales,
        //nommer de nouvelles colonnes, source de
données de colonne
        "salesman", Sales[Salesman],
        "sector", Sales[Sector],
        "totalSales", SUM ( Sales[ Sales] )
)
```

012. Créer un tableau calculé (8)
Outils de tableau > nouveau tableau

```
Sales to salesman per sector =
//créer une table en sélectionnant les colonnes de deux
tableaux ou plus
//tableaux non liés
SELECTCOLUMNS (
        //tableau de source
        Sales,
        //nommer de nouvelles colonnes, source de
données de colonne
        "country", Sales[Country],
```

```
"tax", LOOKUPVALUE (
                //valeur à extraire
                'Country Tax'[Tax],
                //recherche colonne
                'Country Tax'[Country],
                //colonne dont on extrait la valeur
        à rechercher
                [Country]
                ),
        "totalSales", SUM ( Sales[ Sales] )
)
```

013. Créer un tableau calculé (9)

Outils de tableau > nouveau tableau

```
Sales per country (1) =
//créer un tableau calculé avec le résumé des ventes par
pays
SUMMARIZECOLUMNS (
        //tableau et colonne
        Sales[country],
        //nouvelle colonne, expression
        "totalSales", SUM ( Sales[ Sales] ),
        "Avg Sales", AVERAGEX('Sales', SUM( Sales[ Sales]))
),
        "Max Sales", MAXX('Sales', SUM ( Sales[ Sales] ) ),
        "Min Sales", MINX('Sales', SUM ( Sales[ Sales] ) ),
        "Sales Count", COUNTROWS('Sales')

)
```

014. Créer un tableau calculé (10)
Outils de tableau > nouveau tableau

Sales to sector per country (2) =
//créer un tableau calculé avec le résumé des ventes par pays, en filtrant par une valeur de la même table
```
SUMMARIZECOLUMNS (
        //tableau et colonne
        Sales[country],
        //filtre
        FILTER ( Sales, Sales[Sector] = "Government" ),
        //colonne calculée
        "totalSales", SUM ( Sales[ Sales] ),
        "AvgSales", AVERAGEX('Sales', SUM( Sales[ Sales] )
),
        "Max Sales", MAXX('Sales', SUM ( Sales[ Sales] ) ),
        "Min Sales", MINX('Sales', SUM ( Sales[ Sales] ) ),
        "Sales Count", COUNTROWS('Sales')
)
```

015. Créer un tableau calculé (11)
Outils de tableau > nouveau tableau

Sales to Government sector per country in 2015 =
//créer une table calculée avec le résumé des ventes par pays, en filtrant par une valeur provenant d'un autre tableaux liés
```
SUMMARIZECOLUMNS (
        //tableau et colonne
        Sales[country],
        //filtres
        FILTER ( Sector, Sector[Sector] = "Government" ),
        FILTER ( 'Calendar', 'Calendar'[year] = 2015),
        //colonne calculée
        "totalSales", SUM ( Sales[ Sales] ),
        "AvgSales", AVERAGEX(
```

```
                        'Sales',
                        SUM ( Sales[ Sales] )
            ),
        "Max Sales", MAXX('Sales', SUM ( Sales[ Sales] ) ),
        "Min Sales", MINX('Sales', SUM ( Sales[ Sales] ) ),
        "Sales Count", COUNTROWS('Sales')
)
```

016. Créer un tableau calculé (12)

Outils de tableau > nouveau tableau

```
Average sales amount per seller =
//créer un tableau groupé par une condition
SELECTCOLUMNS (
        //tableau
        Salesman,
        //nouvelles colonnes
        "Name", Salesman[Salesman],
        "Gender", Salesman[Gender],
        //RELATEDTABLE évalue une expression de table
dans un contexte modifié par les filtres spécifiés
        //type de relation de "plusieurs" à "un"
        "AvgSales", AVERAGEX ( RELATEDTABLE ( Sales ),
Sales[ Sales] )
)
```

017. Créer un tableau calculé (13)

Outils de tableau > nouveau tableau

```
Average sales amount per seller and gender M =
//créer un tableau groupé par plus d'une condition
SELECTCOLUMNS (
        FILTER ( Salesman, Salesman[Gender] = "M" ),
        "Name", Salesman[Salesman],
        "Gender", Salesman[Gender],
```

        //RELATEDTABLE évalue une expression de table
dans un contexte modifié par les filtres spécifiés
        //type de relation de "plusieurs" à "un"
        "AvgSales", AVERAGEX (RELATEDTABLE (Sales),
Sales[Sales])
)

018. Créer un tableau calculé (14)
Outils de tableau > nouveau tableau

Total and Subtotal per >1 category (5) =
//créer un tableau qui regroupe les sous-totaux par diver-
ses catégories à partir d'un ou plusieurs filtres
FILTER(
        ADDCOLUMNS(
                SUMMARIZE(
                        //tableau de source
                        Sales,
                        //colonne pour regrouper par
                        Sales[Country],
                        Calendar[Year]
                ),
                //expressions calculées
                "Sum", SUM(Sales[Sales]),
                "Avg", AVERAGE(Sales[Sales])
        ),
        //utiliser les colonnes du tableau résultant comme
un filtre
        AND([Sum] > 5000000, Sales[Country]="USA")
)

019. Créer un tableau calculé à une seule ligne
Outils de tableau > nouveau tableau

Total sales =

//créer un tableau à une seule ligne montrant les valeurs
obtenues à partir d'une expression
ROW (
        //nom de la colonne, expression
        "Total sales", SUM (Sales[sales]),
        "Total COGS", SUM (Sales[COGS])
)

020. Créer un tableau avec des valeurs uniques provenant d'un autre tableau
Outils de tableau > nouveau tableau

Countries with sales =
//sélectionner le tableau
//récupérer les lignes avec des valeurs uniques
VALUES(Sales)

021. Créer un tableau avec des valeurs uniques à partir d'une colonne contenue dans un autre tableau
Outils de tableau > nouveau tableau

Countries with sales =
//sélectionner le tableau[colonne]
//récupérer la colonne avec des valeurs uniques
VALUES(Sales[contry])

022. Ajouter une colonne d'un tableau à un autre tableau
Outils de tableau > nouvelle colonne

Add province to sales =
//tableaux liés
//créer une nouvelle colonne dans le tableau Ventes

RELATED(Country[Province])

023. Ajouter une colonne d'un tableau à un autre tableau si elle remplit une condition (1)

Outils de tableau > nouvelle colonne

```
Sales in Niza =
//tableaux liés
//créer une nouvelle colonne dans le tableau Ventes
//rempli une condition
IF(
        Sales[Country]="France",
        RELATED(Country[Province]),
        BLANK()
)
```


024. Ajouter une colonne d'un tableau à un autre tableau si elle remplit plus d'une condition (2)

Outils de tableau > nouvelle colonne

```
Sales in Niza in 2016 =
//tableaux liés
//créer une nouvelle colonne dans le tableau Ventes
//remplie plus d'une condition
IF(
        //condition
        AND(Sales[Country]="France", Sales[Date]=2016 ),
        //résultat positif
        RELATED(Country[Province]),
        //résultat négatif
        BLANK()
)
```

025. Ajouter une colonne provenant du tableau non
lié à un autre tableau
Outils de tableau > nouvelle colonne

Tax by sale (4) =
//tableaux non liés
//créer une nouvelle colonne dans le tableau Ventes
//les données relatives à la taxe sont extraites du tableau
des Country Tax
LOOKUPVALUE(
        //valeur à extraire
        'Country Tax'[Tax],
        //recherche colonne
        'Country Tax'[Country],
        //colonne dont on extrait la valeur à rechercher
        Sales[Country]
)

026. Ajouter une colonne d'un tableau à un autre tableau si elle satisfait à plus d'une condition (1)
Outils de tableau > nouvelle colonne

Tax by sale in Germany (5) =
//tableaux non liés
//créer une nouvelle colonne dans le tableau Ventes
//les données relatives à la taxe sont extraites du tableau
des Country Tax
//une condition doit être remplie
IF(
        Country2[Country] = "Germany",
        LOOKUPVALUE(
                //valeur à extraire
                'Country Tax'[Tax],
                //recherche colonne
                'Country Tax'[Country],

                //colonne dont on extrait la valeur à re-
chercher
                Sales[Country]
        ),
        BLANK()
)

027. Ajouter une colonne d'un tableau à un autre tableau si elle satisfait à plus d'une condition (2)
Outils de tableau > nouvelle colonne

Tax by sale in Germany and Canada (6) =
//tableaux non liés
//créer une nouvelle colonne dans le tableau Ventes
//les données relatives à la taxe sont extraites du tableau
des Country Tax
//plus d'une condition doit être remplie
IF(
        Country2[Country] IN {"Germany","Canada"},
        LOOKUPVALUE(
                //valeur à extraire
                'Country Tax'[Tax],
                //recherche colonne
                'Country Tax'[Country],
                //colonne dont on extrait la valeur à re-
chercher
                Sales[Country]
        ),
        BLANK()
)

028. Calcul du cumul par enregistrement

Outils de tableau > nouvelle colonne

```
CashFlow by Reg=
//valeur du solde en espèces par transaction
//expression, filtre
CALCULATE (
        SUM ( CashFlow[Movement] ),
        FILTER (
            //tableau ou expression renvoyant un tableau
                CashFlow,
                CashFlow[Reg] <= EARLIER ( Cash-
        Flow[Reg] )
            )
)
```

029. Calcul du cumul par unité de temps (1)

Outils de tableau > nouvelle colonne

```
CashFlow by Date =
//valeur du solde en espèces par transaction
//expression, filtre
CALCULATE (
        SUM ( CashFlow[Movement] ),
        FILTER (
            //tableau ou expression renvoyant un tableau
                CashFlow,
                CashFlow[Date] <= EARLIER ( Cash-
        Flow[Date] )
            )
)
```

030. Calcul du cumul par unité de temps (2)

Modélisation > nouvelle mesure

```
Sales_2016 =
//calcul d'une expression qui n'est pas affectée par les fil-
tres de contexte
//expression, filtre
CALCULATE (
        SUM ( Sales[ Sales] ),
        FILTER (
            //tableau ou expression renvoyant un tableau
            //ALL évite l'application de filtres contextuels
        en dehors de l'expression
                ALL ( Sales ),
                RELATED ( 'Calendar'[year] ) = 2016
        )
)
```

031. Calcul du cumul par unité de temps (3)

Modélisation > nouvelle mesure

```
Sales by Year =
//calcul d'une expression qui n'est pas affectée par les fil-
tres de contexte
//expression, filtre
CALCULATE (
        SUM ( Sales[ Sales] ),
        FILTER (
            //tableau ou expression renvoyant un tableau
            //ALL évite l'application de filtres contextuels
        en dehors de l'expression
                ALL ( Sales ),
                Sales[Date] <= MAX(Sales[Date])
        )
)
```

032. Compter une seule valeurs (1)
Modélisation > nouvelle mesure

```
Number sales to Canada (1) =
//calculer le nombre de fois qu'une valeur est répétée
//expression, filtre
CALCULATE (
        COUNT ( Sales[ Sales] ),
        //si les filtres contextuels sont concernés
        Sales[Country] = "Canada"
)
```


033. Compter une seule valeurs (2)
Modélisation > nouvelle mesure

```
Number sales to Canada (2) =
//calculer le nombre de fois qu'une valeur est répétée
CALCULATE (
      //expression
      COUNT ( Sales[ Sales] ),
      //filtre
      FILTER (
          //tableau ou expression renvoyant un tableau
          //si les filtres contextuels ne sont pas concernés
          ALL ( Sales ),
          Sales[Country] = "Canada"
      )
)
```


034. Compter une seule valeurs (3)
Modélisation > nouvelle mesure

```
Number sales to Canada >5000 (3) =
```

```
//calculer le nombre de fois qu'une valeur qui remplit plus
d'une condition est répétée
CALCULATE(
    //expression
    COUNT([Sales]),
    //filtre
    FILTER(
      //tableau ou expression renvoyant un tableau
      //si les filtres contextuels ne sont pas concernés
            ALL(Sales),
            AND(
                Sales[Country]="Canada",
                Sales[Sales]>5000
            )
      )
)
```

035. Compter une seule valeurs (4)
Modélisation > nouvelle mesure

```
Number contries -sales (1) =
//compter le nombre de valeurs uniques
//affecte les filtres contextuels
DISTINCTCOUNT(Sales[Country])
```

036. Compter une seule valeurs (5)
Modélisation > nouvelle mesure

```
Number contries -sales (2) =
//compter le nombre de valeurs uniques
//n'affecte pas les filtres contextuels
//expression, filtre
CALCULATE(
    //compter les valeurs uniques en format texte
    DISTINCTCOUNTA(Sales[Country]),
```

```
        //tableau ou expression renvoyant un tableau
        ALL(Sales)
)


## 037.  Compter une seule valeurs (6)
**Modélisation > nouvelle mesure**

```
Numbers of products sold (2) =
COUNTX(
        //nous utilisons FILTER pour retourner un tableau
        FILTER(
                ALL(Sales),
                RELATED( Product [Product]) =
                Sales[Product]
        ),
        Sales[ Sales]
)
```


038. Compter une seule valeurs (7)
Modélisation > nouvelle mesure

```
Numbers of products sold (3) =
//expression, filtre
CALCULATE(
        //compter les valeurs uniques en format texte - ig-
norer les champs vides
        DISTINCTCOUNTNOBLANK(Sales[Product]),
        //spécifie la direction du filtre à utiliser entre deux
tables
        CROSSFILTER(
                'Product'[Product],
                Sales'[Product],
                Both
        )
)
```
```

039. Compter une seule valeurs (8)

Modélisation > nouvelle mesure

```
Numbers of products sold (4) =
//expression, filtre
CALCULATE(
        //compte les valeurs uniques au format texte - ig-
nore les champs vides
        DISTINCTCOUNTNOBLANK(Sales[Product]),
        TREATAS(
                //tableau filtre
                Country_3 ,
                //tableau sur laquelle le filtre est appliqué
                'Country Tax'[Country]
        )
)
```

040. Valeurs de comptage pour chaque catégorie

Outils de tableau > nouveau tableau

```
Numbers of products sold (5) =
//compte le nombre de valeurs en utilisant un deuxième
tableau comme filtre
//tableau à partir duquel les données sont extraites
SUMMARIZE(
        //tableau ou expression renvoyant un tableau
        Sales,
        //colonne de données
        Sales[Product],
        //colonne que nous créons
        "numberSales", COUNTA(Sales[Product])
)
```

041. Compter les valeurs uniques pour chaque catégorie
Outils de tableau > nouveau tableau

```
Numbers of products sold (6) =
//compter le nombre de valeurs uniques en utilisant
comme filtre un deuxième tableau
//tableau à partir duquel les données sont extraites
SUMMARIZE(
        //tableau ou expression renvoyant un tableau
        Sales,
        //colonne de données
        Sales[Product],
        //colonne que nous créons entre " " l'expression
        "numberSales", DISTINCTCOUNT(Sales[Product])
)
```


042. Compter les valeurs d'une catégorie (1)
Modélisation > nouvelle mesure

```
Number of sales to Germany (1) =
//compter les lignes d'une catégorie. Les filtres contex-
tuels affectent
//expression, filtre
CALCULATE(
        //expression : compter les lignes
        COUNTROWS(Sales),
        //filtre : par pays Allemagne
        Sales[Country]="Germany"
)
```

043. Compter les valeurs d'une catégorie (2)

Modélisation > nouvelle mesure

```
Number of sales to Germany (2) =
//compter les lignes d'une catégorie
//non affecté par les filtres contextuels
//expression, filtre
CALCULATE(
    COUNTROWS(Sales),
    FILTER(
      //ALL évite d'être affecté par les filtres contextuels
      ALL(Sales),
      Sales[Country]="Germany"
    )
)
```

044. Compter les valeurs d'une catégorie (3)

Modélisation > nouvelle mesure

```
Number of sales to Germany (3) =
//compter les lignes d'une catégorie en ignorant les lignes
contenant des entrées vides
//non affecté par les filtres contextuels
//expression, filtre
CALCULATE (
        //expression : compter les lignes, en ignorant les
lignes contenant des champs vides
        COUNTROWS ( Sales ),
        //filtre : par pays Allemagne
        FILTER (
            //tableau ou expression renvoyant un tableau
            ALLNOBLANKROW ( Sales ),
            //champ filtré
            Sales[Country] = "Germany"
        )
)
```

045. Compter les champs remplis
Modélisation > nouvelle mesure

Number of NO blanks =
//compter le nombre de valeurs en éliminant les champs
vides
CALCULATE(
        //expression
        COUNT(Sales[Discounts]) ,
        //filtre
        NOT(ISBLANK(Sales[Discounts]))
)

046. Compter les champs vides
Modélisation > nouvelle mesure

Number of blanks =
//compter les champs vides d'une colonne
//affecter les filtres contextuels
COUNTBLANK(Sales[Discounts])

047. Comptez le nombre de fois que chaque valeur
d'une catégorie est répétée.
Outils de tableau > nouvelle colonne

Sales per Product (1) =
//compter le nombre de fois que chaque valeur est répétée
COUNTROWS(
        //tableau ou expression renvoyant un tableau
        FILTER(
                Sales,
                Sales[Product] = EARLIER(Sales[Product])

)
)

048. Nombre de fois que chaque valeur d'une catégorie qui remplit une condition est répétée.
Outils de tableau > nouvelle colonne

```
Sales per Product (1) =
//compter le nombre de fois que chaque valeur est répé-
tée
IF(
    //condition
    Sales[Product] = "Mouse" ,
    //résultat positif
    COUNTROWS(
        //tableau ou expression qui renvoie un tableau
        FILTER(
                Sales,
                Sales[Product] = EARLIER( Sales[Product])
        )
    ),
        //résultat négatif
        BLANK()
)
```


049. Calculer le total (1)
Modélisation > nouvelle mesure

```
Total sales (1) =
//si les filtres contextuels sont concernés
SUM (Sales[Sales])
```

050. Calculer le total (2)

Modélisation > nouvelle mesure

```
Total sales (2) =
//expression, filtre
CALCULATE(
        SUM(Sales[ Sales]),
        //la fonction ALL évite d'être affectée par les fil-
tres contextuels
        ALL(Sales)
)
```


051. Calculer le total par catégories (1)

Outils de tableau > nouveau tableau

```
Sales per Country and Sector =
//renvoie un tableau comme résultat
//déclarer deux variables
VAR gSales = SUM(Sales[ Sales])

VAR gTaxes = SUM(Sales[ Sales])*Sales[Tax]

RETURN

SUMMARIZE (
        //tableau à partir duquel nous allons calculer la ou
les mesures
        Sales,
        //colonnes qui vont composer le tableau
        Sales[Country],
        Sales[Tax],
        Sales[Sector],
        //créer la ou les colonnes où les mesures seront
calculées
        "grossSale", gSales,
```

```
        "netTax", gTaxes,
        "netSale", gSales – gTaxes
)
```

052. Calculer le total par catégories (2)
Outils de tableau > nouveau tableau

```
Sales per Sector in France =
//renvoie un tableau comme résultat
CALCULATETABLE(
        //tableau ou expression renvoyant un tableau
        SUMMARIZE (
                //tableau à partir duquel nous allons cal-
        culer la ou les mesures
                Sales,
                //colonnes qui vont composer le tableau
                Country Tax[Country],
                Sector[Sector],
                //créer la ou les colonnes où les mesures
        seront calculées
                "totalSales", SUM ( Sales[ Sales] )
        ),
        //filtres
        'Country Tax'[Country] = "France"
)
```

053. Calculer le total par catégories (3)
Outils de tableau > nouveau tableau

```
Sales per Midmarket Sector in France =
//renvoie un tableau comme résultat
SUMMARIZE (
        //tableau ou expression renvoyant un tableau
        CALCULATETABLE(
```

```
        //tableau ou expression renvoyant un tableau
        Sales,
        //filtres
        FILTER(
            Sector,
            Sector[Sector]="Midmarket"
        ),
        FILTER(
                'Country Tax',
                'Country Tax'[Country]="France"
        )
    ),
    //colonnes
    Category[Category],
    "totalSales", SUM ( Sales[ Sales] ),
    "AvgSales", AVERAGEX( Sales, SUM ( Sales[ Sales] )
),
    "Max Sales", MAXX( Sales, SUM ( Sales[ Sales] ) ),
    "Min Sales", MINX( Sales, SUM ( Sales[ Sales] ) ),
    "Sales Count", COUNTROWS( Sales )
)
```

054. Calculer le sous-total par catégories (1)

Outils de tableau > nouveau tableau

```
Subtotal per Salesman and Sector (1) =
//colonnes sont prises à partir de plusieurs tableaux con-
nexes
//au début du tableau figure le sous-total par secteur et
par vendeur
//à la fin du tableau le total par vendeur
SUMMARIZECOLUMNS(
    ROLLUPADDISSUBTOTAL(
            Sales[Sector], "subtotal", Sales
    ),
```

```
        Salesman[Salesman],
        "Sales", SUM(Sales[ Sales])
)
```

055. Calculer le sous-total par catégories (2)
Outils de tableau > nouveau tableau

```
Subtotal per country (2) =
//colonnes prises d'une seule table
//au début du tableau figure le sous-total par secteur et
par vendeur
//à la fin du tableau le total par vendeur
SUMMARIZE(
        //tableau ou expression renvoyant un tableau
        Sales,
        Sales[Salesman],
        //regrouper le résultat par secteur
        ROLLUPGROUP(Sales[Sector]),
        "Sales", SUM(Sales[ Sales])
)
```

056. Grouper les résultats par N catégories
Outils de tableau > nouveau tableau

```
Sales per salesman and country =
//ne fonctionne qu'en combinaison avec d'autres
fonctions itératives (SUMX,AVERAGEX,...)
GROUPBY (
        //tableau dans lequel les calculs sont effectués
        Sales,
        //colonnes que nous allons regrouper par
        'Country Tax'[Country],
        Salesman[Salesman],
        //colonne(s) qui contiendra(ont) le calcul
```

```
        //GROUP BY fonctionne toujours avec CURRENT-
GROUP
        "totalSales", SUMX ( CURRENTGROUP (), SUM (
Sales[ Sales] ) )
)
```

057. Comparer deux chaînes de texte dans le même tableau

Outils de tableau > nouvelle colonne

```
Compare two text strings (1) =
//comparer deux chaînes de valeurs
//est sensible à la case
EXACT(Sales[Gross Sales],Sales[ Sales])
```

058. Comparez deux chaînes de texte dans un tableau différent

Outils de tableau > nouvelle colonne

```
Compare two text strings (2) =
//comparaison de deux chaînes de valeurs provenant de
deux tableaux liés.
///est sensible à la case
EXACT(
        Country_2[Country] ,
        RELATED('Country Tax'[Country])
)
```

059. Valeurs non concordantes entre deux tableaux liés

Outils de tableau > nouveau tableau

```
Countries without sales =
//renvoie un tableau avec des valeurs uniques
VAR countriesWithSales = VALUES(Sales[Country])

//renvoie un tableau avec des valeurs uniques
VAR countriesTable = VALUES(Country_2[Country])

//renvoie un tableau avec les valeurs qui sont dans le pre-
mier tableau et pas dans le deuxième
//tableau filtré, tableau filtrant
VAR finalTable =
EXCEPT(
        countriesTable,
        countriesWithSales
)

RETURN

finalTable
```

060. Valeurs non concordantes entre deux tableaux non liés

Outils de tableau > nouveau tableau

```
Countries without sales (2) =
//renvoie un tableau avec des valeurs uniques
VAR countriesWithSales = VALUES(Sales[Country])

//renvoie un tableau avec des valeurs uniques
VAR countriesTable = VALUES(Country_2[Country])
```

RETURN

//tableau, expression
CALCULATETABLE(
        //tableau filtré, tableau filtrant
        EXCEPT(
                countriesTable,
                countriesWithSales
        ),
         TREATAS(
                //tableau filtre
                Country_3 ,
                //tableau sur laquelle le filtre est appliqué
                'Country Tax'[Country]
)
)

061. Correspondance des valeurs entre deux tableaux non liés
Outils de tableau > nouveau tableau

Matching countries =
//mise en correspondance de valeurs entre deux tableaux
sans lien entre eux
//renvoie un tableau sans valeurs dupliquées
INTERSECT (
        VALUES (Country_3[Country]),
        VALUES (Country_2[Country])
)

062. Correspondance des valeurs entre deux tableaux
liés
Outils de tableau > nouvelle colonne

Matching values =
//recherche les valeurs correspondantes du premier tableau dans le deuxième tableau
//tableaux liés
EXACT(
        Country_2[Country] ,
        RELATED('Country Tax'[Country])
)

063. Arrondir un chiffre à la hausse en spécifiant le
nombre de décimales
Outils de tableau > nouvelle colonne

ROUND UP (2) =
//arrondir un nombre à partir de zéro
//tableau [colonne], nombre_décimal
ROUNDUP(Sales[Profit],2)

064. Arrondir un chiffre à la baisse en spécifiant le
nombre de décimales
Outils de tableau > nouvelle colonne

ROUND DOWN (2) =
//arrondir un nombre vers zéro
//tableau [colonne], nombre_décimal
ROUNDDOWN(Sales[Profit],2)

065. Arrondir un chiffre à un nombre de décimales

Outils de tableau > nouvelle colonne

```
ROUND =
//arrondir un nombre au nombre de décimales spécifié
//tableau [colonne], décimales
ROUND(Sales[Profit],2)
```

066. Arrondir un chiffre au multiple significatif le plus proche

Outils de tableau > nouvelle colonne

```
ROUND DOWN (1) =
//arrondir un nombre au multiple significatif le plus pro-
che vers le bas
//tableau [colonne], multiplier_valeur
FLOOR(Sales[Profit],0.10)
```

067. Arrondir un chiffre au multiple significatif le plus proche

Outils de tableau > nouvelle colonne

```
ROUND UP (1) =
//arrondir un nombre à la valeur significative la plus pro-
che multiplier vers le haut
//tableau [colonne], multiplier_valeur
CEILING(Sales[Profit],0.10)
```

068. Arrondir un chiffre au nombre entier inférieur ou égal le plus proche

Outils de tableau > nouvelle colonne

ROUND DOWN (1) =
//arrondir un nombre à l'entier inférieur ou égal le plus proche
//tableau[colonne]
INT(Sales[Profit])

 Renvoie la partie entière d'un nombre décimal
Outils de tableau > nouvelle colonne

ROUND (1) =
//renvoie la partie entière d'un nombre
//tableau[colonne]
TRUNC(Sales[Profit])

070. Ajouter une exception aux résultats renvoyés par une mesure (1)
Modélisation > nouvelle mesure

Total sales without USA =
//la condition, si elle est remplie, montre le résultat_1, si elle n'est pas remplie, montre le résultat_2
IF (
        //HASONEVALUE supprime les champs vides à l'intérieur Sales[Country].
        HASONEVALUE (Sales[Country]),
        IF (VALUES (Sales[Country]) <> "USA",
                SUM(Sales[Sales]),
                BLANK ()
        ),
        CALCULATE(
                //expression, filtre
                SUM(Sales[Sales]),

                    Sales[Country] <> "USA"
)
)

071. Ajouter une exception aux résultats renvoyés par une mesure (2)

Modélisation > nouvelle mesure

Total sales USA and Germany =
//la condition, si elle est remplie, montre le résultat_1, si elle n'est pas remplie, montre le résultat_2
IF (
        //HASONEVALUE supprime les champs vides à l'in-térieur Sales[Country].
        HASONEVALUE (Sales[Country]),
        IF (VALUES (Sales[Country]) IN {"USA",
        "Germany"} ,
                SUM(Sales[Sales]),
                "Not included"
        ),
        CALCULATE(
                //expression, filtre
                SUM(Sales[Sales]),
                Sales[Country] IN {"USA","Germany"}
)
)

072. Calcul d'une expression uniquement si une ou N conditions spécifiques sont sélectionnées

Modélisation > nouvelle mesure

Sales Germany 2016 =

//calcul d'une expression uniquement si une ou plusieurs
conditions spécifiques sont sélectionnées
IF (
        //condition
        SELECTEDVALUE ('Calendar'[Year]) = 2016 &&
        SELECTEDVALUE (Sales[Country]) = "Germany",
        //résultat si la condition est remplie
        SUM (Sales[Sales]),
        //résultat si la condition n'est pas remplie
        BLANK ()
)

073. Exclure du calcul les lignes contenant un champ vide

Outils de tableau > nouvelle colonne

Net sale with discount =
//les lignes contenant des cellules vides dans les colonnes
spécifiées sont exclues du calcul
IF (
        //condition
        AND (
                Sales[Gross Sales] <> BLANK() ,
                Sales[Discounts] <> BLANK()
        ),
        //résultat si la condition est remplie
        Sales[Gross Sales] - Sales[Discounts],
        //résultat si la condition n'est pas remplie
        BLANK ()
)

074. Afficher toutes les valeurs même si elles sont des zéros

Outils de tableau > nouvelle colonne

Discounts (1) =
//dans un graphique, afficher toutes les valeurs même si
elles sont des zéros
//dans un tableau, remplacer les valeurs vides d'une colonne par des zéros
Sales[Discounts] + 0

075. Valeur maximale d'un total

Modélisation > nouvelle mesure

Total best selling product (5) =
//calculer le total du produit le plus vendu
//créer une variable qui obtient un tableau récapitulatif
par ventes totales de produits
VAR baseTable =
SUMMARIZE(
        //tableau ou expression renvoyant un tableau
        Sales,
        //colonne de données
        Sales[Product],
        //expression
        "totalSale",SUM(Sales[Sales])
)

RETURN

MAXX(
        //tableau
        baseTable,
        //expression
        [totalSale]
)

STEP.1
En continuant avec l'exemple précédent, trouvons le nom du produit le plus vendu. Pour ce faire, nous devons d'abord effectuer le point 0.75

STEP.2
Outils de tableau > nouveau tableau

```
Summary table =
SUMMARIZE(
        //tableau ou expression renvoyant un tableau
        Sales,
        //colonne de données
        Sales[Product],
        //expression
        "totalSale", SUM(Sales[ Sales])
)
```

STEP.3
Modélisation > nouvelle mesure

```
Top selling product name =
//colonne_résultat, colonne_recherche, expression, résul-
tat_si_il_n'est_pas_trouvé
LOOKUPVALUE(
                'Summary table'[Product],
                'Summary table'[totalSale],
                [Total best selling product (5)],
                "There is more than one value"
                )
```

077. Créer une mesure en filtrant le résultat de N tableaux liés (1)

Modélisation > nouvelle mesure

```
Sales France 2016 (1) =
//créer une mesure (itérative) filtrant le résultat de plu-
sieurs tables liées
SUMX(
    //tableau ou expression renvoyant un tableau
    FILTER(
        //tableau
        Sales,
        //filtre
        AND(
            RELATED ( 'Country Tax'[Country] ) = "France",
            RELATED ( 'Calendar'[year] ) = 2016
        )
    ),
        //expression
        Sales[ Sales]
)
```

078. Créer une mesure en filtrant le résultat de N tableaux liés (2)

Modélisation > nouvelle mesure

```
Sales France 2016 (2) =
//créer une mesure (non-itérative) en filtrant le résultat
de plusieurs tables liées
CALCULATE (
        //expression
        SUM ( Sales[ Sales] ),
        //filtre
        FILTER (
            //table
```

```
        Sales,
        //filtre
        AND (
            RELATED ( 'Country Tax'[Country] ) = "France",
            RELATED ( 'Calendar'[year] ) = 2016
        )
    )
)
```

079. Obtenir un échantillon N d'un champ spécifique

Outils de tableau > nouveau tableau

```
Sales sample  =
//obtenir un échantillon aléatoire des valeurs d'une ligne
//taille_échantillon, tableau, colonne, ordre
SAMPLE ( 10, Sales, Sales[Sales ID], ASC )
```

080. Obtenir un échantillon N d'un champ spécifique satisfaisant à N conditions

Outils de tableau > nouveau tableau

```
Sales sample Germany 2016 =
//obtient un échantillon aléatoire des valeurs d'une co-
lonne qui remplissent une ou plusieurs des conditions sui-
vantes
CALCULATETABLE(
        //tableau ou expression renvoyant un tableau
        //taille_échantillon, tableau, colonne, ordre
        SAMPLE(10, Sales, Sales[Sales ID], ASC),
        //filtre
        FILTER(
                Sales,
                AND(
                        Sales[Country]="Germany",
```

                        RELATED('Calendar'[year])=2016
)
)
)

081. Créer une colonne ou une mesure qui satisfait une condition par rapport à une autre colonne (1)

Outils de tableau > nouvelle colonne

```
Sales type (2) -BOOLE =
//créer une colonne qui satisfait à une condition par rap-
port à une autre colonne
IF(
        //condition
        Sales[ Sales]<15000,
        //résultat si la condition est remplie
        //tableau [colonne], expression, résultat, expres-
sion, résultat..., reste
        SWITCH(
                TRUE(),
                Sales[Country]="Canada","LOW",
                Sales[Country]="Germany","NORMAL",
                Sales[Country]="France","LOW",
                Sales[Country]="UK","LOW",
                Sales[Country]="USA","LOW",
                Sales[Country]="Mexico","NORMAL",
                "Unknow"
        ),
        //résultat si la condition n'est pas remplie
        IF(
            //condition
            AND(Sales[ Sales]>15001,Sales[ Sales]<30000),
            //résultat si la condition est remplie
            //tableau [colonne], expression, résultat, ex-
pression, résultat..., reste
            SWITCH(
```

```
        TRUE(),
        Sales[Country]="Canada",
        "NORMAL",
        Sales[Country]="Germany",
        "HIGH",
        Sales[Country]="France",
        "NORMAL",
        Sales[Country]="UK",
        "HIGH",
        Sales[Country]="USA",
        "NORMAL",
        Sales[Country]="Mexico",
        "HIGH",
        "Unknow"
    ),
    //résultat si la condition n'est pas remplie
    IF(
        //condition
        Sales[ Sales]>3001,
        //résultat si la condition est remplie
        //tableau [colonne], expression, résul-
    tat, expression, résultat..., reste
            SWITCH(
                TRUE(),
                Sales[Country]="Canada",
                "HIGH",
                Sales[Country]=
                "Germany","HIGH",
                Sales[Country]="France",
                "HIGH",
                Sales[Country]="UK",
                "HIGH",
                Sales[Country]="USA",
                "HIGH",
                Sales[Country]="Mexico",
                "HIGH",
                "Unknow"
```

```
        ),
        //résultat si la condition n'est pas
        remplie
        BLANK()
    )
  )
)
```

082. Créer une colonne ou une mesure qui satisfait une condition par rapport à une autre colonne (2)
Outils de tableau > nouvelle colonne

```
Continent (1) =
//créer une colonne qui satisfait à une condition par rap-
port à une autre colonne
SWITCH(
        TRUE(),
        Sales[Country]="Canada","AMERICA",
        Sales[Country]="Germany","EUROPE",
        Sales[Country]="France","EUROPE",
        Sales[Country]="UK","EUROPE",
        Sales[Country]="USA","AMERICA",
        "Unknow"
)
```

083. Créer une colonne ou une mesure qui satisfait une condition par rapport à une autre colonne (3)
Outils de tableau > nouvelle colonne

```
Continent (2) =
//créer une colonne qui satisfait à une condition par rap-
port à une autre colonne
SWITCH(
        Sales[Country],
```

        "Canada","AMERICA",
        "Germany","EUROPE",
        "France","EUROPE",
        "UK","EUROPE",
        "USA","AMERICA",
        "Unknow"
)

084. Créez un tableau qui filtre les valeurs pour un slicer

Outils de tableau > nouveau tableau

Filtered by country =
//obtenir les valeurs de filtrage pour un slicer
FILTERS(Sales[Country])

085. Notions de rang N (1)

Outils de tableau > nouveau tableau

Top 2 products sales (1) =
//nom des 2 produits les plus vendus
//créer une variable qui renvoie un tableau
VAR salesPerProduct =
        SUMMARIZE (
            //tableau ou expression renvoyant un tableau
            Sales,
            //colonne de données
            Sales[Product],
            //expression
            "totalSales", SUM (Sales[Sales])
)

RETURN

TOPN (2, salesPerProduct, [totalSales])

086. Notions de rang N (2)
Modélisation > nouvelle mesure

Top 2 products sales (2) =
//valeur totale des ventes des 2 produits les plus vendus
//on fixe pour le calcul du tableau obtenu au point 0.85
SUM('Top 2 products sales (1)'[totalSales])

087. Notions de rang N (3)
Outils de tableau > nouveau tableau

```
Top 2 products sales in Canada =
VAR salesPerProduct =
CALCULATETABLE(
        //tableau
        SUMMARIZE (
                Sales,
                'Calendar'[year],
                Sales[Country],
                Sales[Product],
                "totalSales", SUM ( Sales[ Sales] )
        ),
        //filtre
        Sales[Country] = "Canada"
)

RETURN

TOPN ( 2, salesPerProduct, [totalSales] )
```

088. Notions de rang N (4)

Modélisation > nouvelle mesure

```
Salesman ranking (1) =
//renvoie la position dans l'intervalle de chaque valeur
résultante
IF(
        HASONEVALUE(Sales[Salesman]),
        //résultat si la condition est remplie
        RANKX(ALL(Sales[Salesman]),[Total Sales],,DESC),
        //résultat si la condition n'est pas remplie
        BLANK()
)
```

089. Notions de rang N (5)

Modélisation > nouvelle mesure

```
Salesman ranking (2) =
//affiche le classement des vendeurs pour l'année sélec-
tionnée
//sans tenir compte des autres filtres contextuels
CALCULATE(
        IF(
                //condition
                HASONEVALUE(Sales[Salesman]),
                //résultat si la condition est remplie
                RANKX(
                        ALL(Sales[Salesman]),
                        [Total Sales],,DESC
                ),
                //résultat si la condition n'est pas remplie
                BLANK()
                ),
        //filtre
        ALLSELECTED('Calendar'[year])
)
```

Modélisation > nouvelle mesure

```
Salesman ranking (3) =
IF(
        //condition
        ISINSCOPE(Sales[Product]),
        //résultat si la condition est remplie
        RANKX(
                //ALL évite l'application de filtres contex-
        tuels en dehors de l'expression
                ALL(Sales[Product]),
                [Total Sales]
        ),
        //résultat si la condition n'est pas remplie
        IF(
                //condition
                ISINSCOPE(Sales[Category]),
                //résultat si la condition est remplie
                RANKX(
                        //ALL évite l'application de filtres
                contextuels en dehors de l'expression
                        ALL(Sales[Category]),
                        [Total Sales]
                )
        )
)
```


Modélisation > nouvelle mesure

```
Bottom Ranked Products =
//classement des trois produits les moins vendus
VAR SalesTable =
FILTER(
        VALUES('Product'[Product]),
```

```
        [Total Sales] > 0
)

RETURN

CONCATENATEX(
        TOPN(
                3,
                SalesTable,
                [Total Sales],
                ASC
        ),
        'Product'[Product],
        ", "
)
```

092. Forcer une deuxième relation entre les tableaux
Modélisation > nouvelle mesure

```
Sales per date2 (1) =
//forcer une deuxième relation entre les tableaux
//aller dans Power BI vers les relations et glisser avec la
souris le champ "Calendar[Date]" sur le champ "Sa-
les[Date2]".
//nous créons maintenant l'action
CALCULATE (
        //expression
        SUM ( Sales[ Sales] ),
        //filtre
        //type de relation_table_à_plusieurs, type de rela-
tion_table_à_un
        USERELATIONSHIP ( Sales[Date2], Calendar[Date] )
)
```

093. Remplissez les espaces vides d'une colonne avec des zéros (1)

Modélisation > nouvelle mesure

```
Discount Blank (1) =
//remplir les champs vides d'une colonne avec des zéros
//renvoie la première expression qui n'est pas évaluée à
BLANK
COALESCE(
        SELECTEDVALUE( Sales[Discounts] ),
        0
)
```

094. Remplissez les espaces vides d'une colonne avec des zéros (2)

Modélisation > nouvelle mesure

```
Discount Blank (2) =
//empêche le résultat d'une expression d'être un champ
vide
//renvoie la première expression qui n'est pas évaluée à
BLANK
//condition, résultat positif, résultat négatif
IF(
        //condition
        ISBLANK( SELECTEDVALUE( Sales[Discounts] ) ),
        //résultat si la condition est remplie
        0,
        //résultat si la condition n'est pas remplie
        SELECTEDVALUE(Sales[Discounts])
)
```

095. Créer une colonne ou une mesure qui n'est pas affectée par les filtres contextuels

Modélisation > nouvelle mesure

Netop V10 sales =
//calculer un résultat pour une colonne sans être affecté par les filtres contextuels
//expression, filtre
CALCULATE (
        SUM (Sales[Sales]),
        //la fonction ALL évite l'application de tout filtre contextuel
        ALL (Sales)
)

096. Créer une colonne ou une mesure avec N conditions filtrées à partir du même tableau

Modélisation > nouvelle mesure

Total sales Germany/Tower (1) =
//application de la commande ALL à plusieurs tables sur lesquelles on va appliquer une condition
//expression, filtre
CALCULATE(
        SUM(Sales[Sales]),
        FILTER(
                //ALL évite l'application de filtres contextuels en dehors de l'expression
                ALL(Sales),
                AND(
                        Sales[Country] = "Germany",
                        Sales[Product] = "Tower"
)
)
)

097. Créer une colonne ou une mesure avec N conditions filtrées à partir de plusieurs tableaux
Modélisation > nouvelle mesure

```
Total sales Germany/Tower (2) =
//application de la commande ALL à plusieurs tables sur
lesquelles on va appliquer une condition
//expression, filtre
CALCULATE(
        SUM(Sales[ Sales]),
        FILTER(
                //ALL évite l'application de filtres contex-
        tuels en dehors de l'expression
                ALL(Sales),
                AND(
                        RELATED('Country Tax'[Country]) =
                        "Germany",
                        RELATED(Product[Product]) =
                        "Tower"
                )
        )
)
```

098. Créez une colonne ou une mesure où un filtre
contextuel affecte uniquement un champ spécifique.
Modélisation > nouvelle mesure

```
Total sales per selected month =
//le filtre ne concerne qu'un seul champ
//créer une variable
VAR totalSales =
SUM(Sales[ Sales])

RETURN
```

```
CALCULATE(
        totalSales,
        //ALLSELECTED supprime les filtres contextuels
des colonnes et des lignes de la requête en cours d'exécu-
tion, sauf sur la table[colonne] qu'elle contient
        ALLSELECTED(Calendar[Month])
)
```

099. Créez une colonne ou une mesure où les filtres
contextuels "N" n'affectent que les champs spécifiques "N".
Modélisation > nouvelle mesure

```
Percent of total per country and product =
//filtres qui affectent plus d'un champ
VAR totalSales =
SUM(Sales[ Sales])

RETURN

CALCULATE(
        //expression
        totalSales,
        //filtre
        ALLSELECTED(Product[Product]),
        ALLSELECTED('Country Tax'[Country])
)
```

100. Créer une colonne ou une mesure filtrée à partir
de N tableaux
Modélisation > nouvelle mesure

```
Sales Hardware (1) =
```

```
//on obtient un résultat qui répond aux conditions d'un
filtre qui appartient au même tableau et d'un second filtre
qui appartient à un second tableau
CALCULATE(
        //expression
        SUM(Sales[ Sales]),
        //filtre
    FILTER(
        //tableau
        Sales,
        //filtre
        AND(
           Sales[Units Sold] > 1000 ,
           //filtrer dans une colonne du tableau connexe
           RELATED(Category[Category])= "Hardware"
        )
    )
)
```

101. Calculer la mesure cumulative (1)

Modélisation > nouvelle mesure

```
Cumulative Sales (1) =
//calculer une mesure cumulative
//expression, filtre
CALCULATE(
        //expression
        SUM ( Sales[ Sales] ),
        //filtre
        FILTER (
                //la fonction ALL l'empêche d'être affec-
tée par les filtres contextuels
                ALL ( Sales ),
                Sales[Date] <= MAX ( Sales[Date])
        )
)
```

102. Calculer la mesure cumulative (2)

Modélisation > nouvelle mesure

```
Cumulative Sales (2) =
//calculer une mesure cumulative
//expression, filtre
CALCULATE(
        //expression
        SUM(Sales[ Sales]),
        //uniquement affecté par le filtre contextuel
`Année`
        FILTER(
                ALLEXCEPT(Sales, 'Calendar'[year]),
                Sales[Date]<=MAX(Sales[Date])
        )
)
```

103. Calculer le nombre de lignes uniques

Outils de tableau > nouvelle colonne

STEP 1

```
Text String =
//créer une colonne qui combine les valeurs de plusieurs
colonnes
//délimiter, table1[colonne1], table1[colonne2],..., ta-
ble1[colonneN]
COMBINEVALUES(
        ",",
          Sales[Country],
          Sales[Category],
          Sales[Product]
          )
```

STEP 2
Modélisation > nouvelle mesure

Unique values per row =
DISTINCTCOUNT(Sales[Text String])

104. Lignes du tableau avec des valeurs uniques
Outils de tableau > nouveau tableau

Single rows =
VALUES(Sales[Text String])

105. Calculer le nombre de valeurs répétées dans une colonne
Modélisation > nouvelle mesure

Repeated countries =
//compter le nombre de fois que les pays sont répétés
COUNT(Sales[Country]) - DISTINCTCOUNT(Sales[Country])

106. Calculer le nombre de fois qu'une valeur spécifique est répétée dans une colonne
Modélisation > nouvelle mesure

Repeated countries (Canada) =
//compter le nombre de fois que "Canada" est répété
CALCULATE(
        //expression
        COUNT(Sales[Country]) —
        DISTINCTCOUNT(Sales[Country]),
        //filtre
        Sales[Country]="Canada"
)

107. Nombre de fois qu'une condition est remplie (1)

Modélisation > nouvelle mesure

```
Number of sales of a product -MOUSE (1) =
//compter le nombre de fois qu'une valeur apparaît dans
le texte
//si les filtres contextuels ne sont pas concernés
CALCULATE(
        //expression
        COUNTAX (
                //tableau
                //ALL évite l'application de filtres contex-
        tuels en dehors de l'expression
                ALL ( Sales ),
                //expression
                Sales[Product]
        ),
        //filtre
        Sales[Product]="Mouse"
)
```

108. Nombre de fois qu'une condition est remplie (2)

Modélisation > nouvelle mesure

```
Number of sales of a product -MOUSE (1) =
//compter le nombre de fois qu'une valeur apparaît dans
le texte
//si vous êtes affecté par les filtres contextuels
CALCULATE(
        //expression
        COUNTAX (
                //tableau
                Sales,
                //expression
                Sales[Product]
        ),
```

```
        //filtre
        Sales[Product]="Mouse"
)
```


109. Nombre de fois qu'une condition est remplie (3)
Modélisation > nouvelle mesure

```
Number of sales <10k =
//compter le nombre de fois qu'une valeur numérique est
affichée
//si vous êtes affecté par les filtres contextuels
CALCULATE(
        //expression
        COUNTX(
                //tableau
                Sales,
                //expression
                Sales[ Sales]
        ),
        //filtre
        FILTER(Sales, Sales[ Sales]<10000)
)
```


110. Nombre de fois qu'une condition est remplie (4)
Modélisation > nouvelle mesure

```
Number of sales <10k (2) =
//compter le nombre de fois qu'une valeur numérique est
affichée
//si les filtres contextuels ne sont pas concernés
CALCULATE(
        //expression
        COUNTX(
                //tableau
                ALL(Sales),
```

```
                //expression
                Sales[ Sales]
        ),
        //filtre
        FILTER(Sales, Sales[ Sales]<10000)
)
```

111. Trouver une ligne contenant les valeurs spécifiées

Modélisation > nouvelle mesure

```
Row containing the values =
//rechercher une ligne dans la table "Localization" qui
contient les valeurs spécifiées
//la mesure donne des résultats TRUE ou FALSE
//tableau, column_1, column_2, column_3...
CONTAINSROW(Localization,"Germany","Berlin")
```

112. Trouver une colonne contenant des valeurs spécifiées

Modélisation > nouvelle mesure

```
Sales to Italy =
//la mesure donne des résultats TRUE ou FALSE
CONTAINS(Sales, Sales[Country],"Italy")
```

113. Condition : INFÉRIEUR À

```
Calculated_Column =
IF(
        //condition
        Sales[ Sales]<10000,
        //résultat si la condition est remplie
```

```
TRUE(),
//résultat si la condition n'est pas remplie
FALSE()
)
```

114. Condition : SUPÉRIEUR À

```
Calculated_Column =
IF(
        //condition
        Sales[ Sales]>10000,
        //résultat si la condition est remplie
        TRUE(),
        //résultat si la condition n'est pas remplie
        FALSE()
)
```

115. Condition : AUTRE QUE

```
Calculated_Column =
IF(
        //condition
        Sales[Product]<>"Netop V10",
        //résultat si la condition est remplie
        TRUE(),
        //résultat si la condition n'est pas remplie
        FALSE()
)
```

116. Condition : ET (1)

```
Calculated_Column =
```

```
IF(
        //condition
        Sales[Country]="Canada"  &&
        Sales[Sector]="Midmarket" ,
        //résultat si la condition est remplie
        TRUE(),
        //résultat si la condition n'est pas remplie
        FALSE()
)
```

117. Condition : ET (2)

```
Calculated_Column =
IF(
        //condition
        AND(
                Sales[Country]="Canada" ,
                Sales[Sector]="Midmarket"
        ),
        //résultat si la condition est remplie
        TRUE(),
        //résultat si la condition n'est pas remplie
        FALSE()
)
```

118. Condition : OU (1)

```
Calculated_Column =
IF(
        //condition
        Sales[Country]="Canada" ||
        Sales[Sector]="Midmarket",
        //résultat si la condition est remplie
        TRUE(),
        //résultat si la condition n'est pas remplie
```

```
        FALSE()
)
```

119. Condition : OU (2)

```
Calculated_Column =
IF(
        //condition
        OR(Sales[Country]="Canada",
        Sales[Sector]="Midmarket"),
        //résultat si la condition est remplie
        TRUE(),
        //résultat si la condition n'est pas remplie
        FALSE()
)
```

120. Condition : INFÉRIEUR OU ÉGAL À

```
Calculated_Column =
IF(
        //condition
        Sales[ Sales]<=10000,
        //résultat si la condition est remplie
        TRUE(),
        //résultat si la condition n'est pas remplie
        FALSE()
)
```

121. Condition : SUPÉRIEUR OU ÉGAL À

```
Calculated_Column =
IF(
```

```
        //condition
        Sales[ Sales]>=10000,
        //résultat si la condition est remplie
        TRUE(),
        //résultat si la condition n'est pas remplie
        FALSE()
)
```

122. Condition : ENTRE

```
Number of sales between 100 and 1000 units =
//expression : entre deux valeurs (quantités, dates,..)
CALCULATE (
        //expression
        COUNTROWS(Sales),
        //filtre
        FILTER (
                //tableau
                Sales,
                //filtre
                AND(
                        Sales[Units Sold] > 100 ,
                        Sales[Units Sold] < 1000
                )
        )
)
```

123. Condition : INCLUS

```
Product sold (1) =
CALCULATE (
    //expression
    SUM ( Sales[ Sales] ),
    //filtre
```

```
        //L'expression est calculée pour chaque ligne conte-
nant l'un des trois produits
    FILTER(
        //tableau
        Sales,
        //filtre
        Sales[Product] IN {"Mouse","Keyboard","Paper"}
    )
)
```

124. Condition : NON INCLUS

```
Product sold (2) =
CALCULATE (
        //expression
        SUM ( Sales[ Sales] ),
        //filtre
        //L'expression est calculée pour chaque ligne qui
ne contient PAS l'un des trois produits
        FILTER(
                //tableau
                Sales,
                //filtre
                NOT(Sales[Product]) IN { "Mouse",
                "Keyboard", "Paper" }
        )
)
```

125. Condition: NOT

```
Sales target =
//renvoie TRUE ou FALSE
NOT ( Sales[ Sales] < 10000 )
```

126. Condition: IF

Outils de tableau > nouvelle colonne

Discounts (2) =
IF (
        //condition: champ vide du tableau[colonne]
spécifiée
        Sales[Discounts]>1000 ,
        //résultat positif spécifié par nous
        "HIGH",
        //résultat négatif spécifié par nous
        "LOW"
)

127. Condition: IF.ERROR

Applied discount =
//si la condition préalable n'est NOT remplie, la valeur
résultante est définie par nous
IFERROR(
        //expression
        DIVIDE(Sales[COGS], Sales[Discounts]),
        //résultat défini par nous dans le cas où l'expres-
sion d'erreur n'est pas satisfaite
        BLANK()
)

128. Condition : CHAMP VIDE SI

Outils de tableau > nouvelle colonne

Discounts (1) =
//si un champ est vide, le résultat positif s'applique
//si un champ n'est NOT vide, appliquer le résultat négatif
IF(

```
        //condition: champ vide du tableau[colonne]
spécifiée
        ISBLANK(Sales[Discounts]),
        //résultat positif spécifié par nous
        "not applied",
        //résultat négatif spécifié par nous
        "applied"
)
```

129. Condition : CHAMP NON VIDE
Outils de tableau > nouvelle colonne

```
Discounts (1) =
//si un champ est vide, le résultat positif s'applique
//si un champ n'est NOT vide, appliquer le résultat négatif
IF(
    //condition: champ vide du tableau[colonne] spécifiée
    NOT( ISBLANK(Sales[Discounts])),
    "not applied",
    //résultat négatif spécifié par nous
    "applied"
)
```

130. Première valeur qui remplit une condition (1)
Modélisation > nouvelle mesure

```
Total discounts per salesman =
FIRSTNONBLANKVALUE(
        //colonne
        Sales[Salesman],
        //expression
        SUM(Sales[Discounts])
)
```

131. Première valeur qui remplit une condition (2)
Modélisation > nouvelle mesure

```
First sale =
FIRSTNONBLANK (
        //colonne
        Sales[Salesman],
        //expression
        CALCULATE(SUM(Sales[Discounts]))
)
```

132. Dernière valeur remplissant la condition (1)
Modélisation > nouvelle mesure

```
Last sale =
LASTNONBLANK (
        //colonne
        Sales[Salesman],
        //expression
        CALCULATE( SUM(Sales[Discounts]))
)
```

133. Dernière valeur remplissant la condition (2)
Modélisation > nouvelle mesure

```
Total discounts per salesman =
LASTNONBLANKVALUE(
        //colonne
        Sales[Salesman],
        //expression
        SUM(Sales[Discounts])
)
```

134. Première valeur satisfaisant plus d'une condition (1)

Modélisation > nouvelle mesure

```
First purchase amount per customer -Canada 2016  =
CALCULATE (
        //expression
        FIRSTNONBLANKVALUE (
                //colonne
                Sales[Sector],
                //expression
                SUM ( Sales[ Sales] )
        ),
        //filtre
        FILTER (
                //tableau
                //la fonction ALL l'empêche d'être affec-
        tée par les filtres contextuels
                ALL ( Sales ),
                //filtre
                AND (
                        Sales[Country] = "Canada",
                        //filtrer dans une colonne du ta-
                bleau connexe
                        RELATED('Calendar'[year]) = 2016
                )
        )
)
```

135. Première valeur satisfaisant plus d'une condition (2)

Modélisation > nouvelle mesure

First purchase amount per customer in Midmarket Sector -Canada 2016 =

```
CALCULATE (
        //expression
        FIRSTNONBLANKVALUE (
                //colonne
                Sales[Sector],
                //expression
                SUM ( Sales[ Sales] )
        ),
        //filtre
        FILTER (
                //n'affecte pas les filtres contextuels
                //tableau
                ALL ( Sales ),
                //filtre
                AND (
                        Sales[Country] = "Canada",
                        //filtrer dans une colonne du ta-
                bleau connexe
                        RELATED ( 'Calendar'[year] ) = 2016
                )
        ),
        FILTER (
                //tableau
                Sector,
                //filtre
                Sector[Sector] = "Midmarket"
        )
)
```

136. Dernière valeur qui remplit plus d'une condition (1)

Modélisation > nouvelle mesure

```
Last purchase amount per customer -Canada 2016  =
CALCULATE (
        //expression
```

```
LASTNONBLANKVALUE (
        //colonne
        Sales[Sector],
        //expression
        SUM ( Sales[ Sales] )
),
FILTER (
        //n'affecte pas les filtres contextuels
        //tableau
        ALL ( Sales ),
        //expression
        AND (
                Sales[Country] = "Canada",
                //filtrer dans une colonne du ta-
bleau connexe
                RELATED('Calendar'[year]) = 2016
        )
)
)
```

137. Dernière valeur qui remplit plus d'une condition (2)

Modélisation > nouvelle mesure

```
Last purchase amount per customer in Midmarket Sector -
Canada 2016  =
CALCULATE (
        //expression
        LASTNONBLANKVALUE (
                //colonne
                Sales[Sector],
                //expression
                SUM ( Sales[ Sales] )
        ),
        FILTER (
                //n'affecte pas les filtres contextuels
```

```
                //tableau
                ALL ( Sales ),
                //filtre
                AND (
                        Sales[Country] = "Canada",
                        //filtrer dans une colonne du ta-
                bleaux liés
                        RELATED ( 'Calendar'[year] ) = 2016
                )
        ),
        FILTER (
                //tableau
                Sector,
                //filtre
                Sector[Sector] = "Midmarket"
        )
)
```

138. Calculer une mesure en ignorant les champs vides

Modélisation > nouvelle mesure

```
Salesmans total sales =
//rejeter les ventes pour lesquelles le champ "Discounts"
est vide
CALCULATE(
        //expression
        SUM( Sales [Sales]),
        //filtre
        FILTER(
                //tableau
                Sales,
                //filtre
                NOT ( ISBLANK( Sales[Discounts]))
        )
)
```

139. Calculer une mesure en ignorant les champs qui contiennent une valeur spécifique

Modélisation > nouvelle mesure

```
Total Sales -not Canada =
//la mesure écarte dans le calcul les valeurs correspon-
dant au Canada
CALCULATE(
        //expression
        SUM( Sales [Sales]),
        //filtre
        FILTER(
                //tableau
                Sales,
                //filtre
                Sales[Country] <> "Canada"
        )
)
```

140. Remplacer une valeur par une autre

Outils de tableau > nouvelle colonne

```
Continent =
//substituer une valeur à une autre dans une nouvelle co-
lonne
SWITCH (
        TRUE (),
        'Country Tax'[Country] = "Canada", "American",
        'Country Tax'[Country] = "Germany", "European",
        'Country Tax'[Country] = "France", "European",
        'Country Tax'[Country] = "Mexico", "American",
        'Country Tax'[Country] = "USA", "American",
        'Country Tax'[Country] = "UK", "European",
```

        //et s'il ne s'agit d'aucun des éléments ci-dessus,
laissez le champ vide
        BLANK ()
)

141. Trouver un texte spécifique dans une chaîne de texte (1)

Outils de tableau > nouvelle colonne

FIND "John" =
//recherche la position (en comptant à partir de la gauche) de la première occurrence d'un caractère ou d'une
chaîne de texte à l'intérieur d'une autre chaîne de texte

//DOES discriminate between upper and lower case let-
ters
IFERROR(
        FIND("John", Salesman[Salesman]),BLANK()
)

142. Trouver un texte spécifique dans une chaîne de texte (2)

Outils de tableau > nouvelle colonne

SEARCH "John" =
//recherche la position (en comptant à partir de la gauche) de la première occurrence d'un caractère ou d'une
chaîne de texte à l'intérieur d'une autre chaîne de texte

//NOT sensible à la case
IFERROR(
        SEARCH("John",Salesman[Salesman]), BLANK()
)

143. Mettre le texte en minuscules
Outils de tableau > nouvelle colonne

```
Lowercase text =
//passe le texte en minuscule
LOWER(Salesman[Salesman])
```

144. Mettre le texte en majuscules
Outils de tableau > nouvelle colonne

```
Uppercase text =
//passe le texte en majuscule
UPPER(Salesman[Salesman])
```

145. Extraire du texte d'une chaîne de texte
Outils de tableau > nouvelle colonne

```
Extract text =
//extrait une chaîne de texte
//texte, position_initiale, nombre_caractères
MID(Salesman[Salesman], 3, 2)
```

146. Trouver du texte dans une chaîne de texte et l'extraire
Outils de tableau > nouvelle colonne

```
Search and Extract =
//rechercher et extraire un texte dans une chaîne de texte
IFERROR(
        //expression à réaliser
        MID(
                Salesman[Salesman],
                SEARCH("John", Salesman[Salesman]),
```

                2
),
//résultat en cas de non-conformité
BLANK()
)

147. Remplacer une valeur dans une chaîne de texte par une autre valeur dans une chaîne de texte

Outils de tableau > nouvelle colonne

```
Replace text string (1) =
//supprime une chaîne de 2 caractères commençant à la
position 3
//et le remplace par un seul caractère
REPLACE( Salesman[Salesman], 3, 2, "_")
```


148. Rechercher et remplacer une valeur dans une chaîne de texte par une autre valeur

Outils de tableau > nouvelle colonne

```
Replace text string (2) =
//recherche et supprime une chaîne de caractères et la
remplace par une chaîne de texte
IFERROR(
        //expression à réaliser
        REPLACE(
                Salesman[Salesman],
                SEARCH("h",Salesman[Salesman]), 2, "_"
        ),
        //résultat en cas de non-conformité
        BLANK()
)
```

149. Insérer une valeur dans une chaîne de texte

Outils de tableau > nouvelle colonne

Insert text string (1) =
//insère une chaîne de texte à la position spécifiée sans
rien supprimer
//pour cela, nous utilisons la valeur 0
REPLACE(Salesman[Salesman], 3, 0, "_")

150. Insérer une valeur au début d'une chaîne de texte

Outils de tableau > nouvelle colonne

InsertInsert text string (2) =
//insère une chaîne de texte au début sans rien supprimer
REPLACE(Salesman[Salesman], 1, 0, "_")

151. Insérer une valeur à la fin d'une chaîne de texte

Outils de tableau > nouvelle colonne

Insert text string (3) =
//insère une chaîne de texte à la fin sans rien supprimer
//la valeur 100 représente une longueur de champ non
dépassée par le contenu des champs de la colonne
REPLACE(Salesman[Salesman], 100, 1, "_")

152. Extraire du texte d'une chaîne de caractères (1)

Outils de tableau > nouvelle colonne

Extract text from right =
//extraire un nombre de caractères de droite à gauche
//tableau [colonne];nombre_de_caractères

RIGHT(Salesman[Salesman],4)

153. Extraire du texte d'une chaîne de caractères (2)
Outils de tableau > nouvelle colonne

Extract text from left =
//extraire un nombre de caractères de gauche à droite
//tableau [colonne];nombre_de_caractères
LEFT(Salesman[Salesman],4)

154. Remplacer un ou N caractères par d'autres caractères
Outils de tableau > nouvelle colonne

Replace blanks =
//remplacer les espaces vides par "_"
//tableau[Colonne] ; ancien_texte ; nouveau_texte
SUBSTITUTE(Salesman[Salesman]," ","_")

155. Supprime les espaces du texte et insère un seul espace entre chaque mot
Outils de tableau > nouvelle colonne

Remove blanks =
//remplacer les blancs dans le texte par un seul espace entre chaque mot
TRIM(Salesman[Salesman])

156. Recherche de texte. Insensible à la case (1)
Outils de tableau > nouvelle colonne

Search "owe" =
///NOT sensible à la case
//le symbole " ?" représente n'importe quel caractère, par
exemple "Tower" conviendrait à la requête
//tableau[colonne],texte_à_rechercher
CONTAINSSTRING(Product[Product],"?owe?")

157. Recherche de texte. Insensible à la case (2)
Outils de tableau > nouvelle colonne

Search "owe" =
///NOT sensible à la case
//le symbole "*" représente n'importe quel ensemble de
caractères, par exemple, "Tower" et "Power BI" s'inscri-
raient dans la requête
//tableau[colonne], text_to_search
CONTAINSSTRING(Product[Product],"*owe*")

158. Recherche de texte. Sensible à la case
Outils de tableau > nouvelle colonne

Search "Power" =
//FAIT une distinction entre les majuscules et les minuscu-
les
//tableau[colonne],texte_à_rechercher
CONTAINSSTRINGEXACT(Product[Product],"Power")

159. Concaténation des colonnes (1)
Outils de tableau > nouvelle colonne

```
Join Localization and Province (1) =
//joindre les valeurs de différentes colonnes
CONCATENATE( Localization[Country],
                Localization[Province]
)
```

160. Concaténation des colonnes (2)
Outils de tableau > nouvelle colonne

```
Join Localization and Province (2) =
//nous utilisons "&" pour joindre deux ou plusieurs colon-
nes avec un séparateur
//le séparateur est spécifié entre guillemets
Localization[Country]&","&Localization[Province]
```

161. Concaténation des colonnes (3)
Outils de tableau > nouvelle colonne

```
Join country, category and product =
//concaténation de plus de deux champs par ligne en utili-
sant un séparateur
COMBINEVALUES(
        //délimiter
        ",",
        //tableau1[colonne1]
        Sales[Country],
        //tableau1[colonne2],..,
        Sales[Category],
        //tableau1[colonneN]
        Sales[Product]
)
```

162. Afficher une expression sur une carte qui donne plus d'une valeur.

Modélisation > nouvelle mesure

```
Ranked Products -view on card =
//declare one variable
VAR salesPerProduct =
SUMMARIZE (
        //tableau ou expression renvoyant un tableau
        Sales,
        //colonne de données
        Sales[Product],
        //colonne calculée
        "totalSales", SUM ( Sales[ Sales] )
)

RETURN

//la fonction , n'est qu'un exemple, vous pouvez la rem-
placer par n'importe quelle autre
CONCATENATEX(
        //tableau ou expression renvoyant un tableau
        TOPN (
                3,
                salesPerProduct,
                [totalSales]
        ),
        Sales[Product],
        ", "
)
```

163. Calculer un % à partir des totaux (1)

Outils de tableau > nouvelle colonne

Gross profit (1) =

//renvoie comme résultat un nombre entier
//les résultats NULL sont remplacés par 0
QUOTIENT(Sales[Sales],Sales[COGS])

164. Calculer un % à partir des totaux (2)
Outils de tableau > nouvelle colonne

Gross profit (2) =
//pourcentage de la marge brute sur les ventes
//résultat en un nombre décimal
//les résultats NULL sont remplacés par 0
DIVIDE(Sales[COGS],Sales[Sales])

165. Calculer un % à partir des totaux (3)
Modélisation > nouvelle mesure

Gross profit (3) =
//renvoie comme résultat un nombre entier
//les résultats NULL sont remplacés par 0
VAR totalSales = SUM(Sales[Sales])

VAR totalCOGS = SUM(Sales[COGS])

RETURN

DIVIDE(totalCOGS,totalSales)

166. Calculer un % à partir des totaux (4)
Outils de tableau > nouvelle colonne

Gross profit (4) =
//spécifie le nombre de décimales égal à 2
//pourcentage de la marge brute sur les ventes

//résultat en un nombre décimal
//les résultats NULL sont remplacés par 0
ROUND(DIVIDE(Sales[COGS],Sales[Sales]),2)

167. Calculer la valeur maximale par catégorie
Modélisation > nouvelle mesure

Last ID sale per Category =
//dernier relevé des ventes par catégorie

MAXX(
        //tableau
        Sales,
        //expression
        Sales[Sales ID]
)

168. Calculer la valeur minimale par catégorie
Modélisation > nouvelle mesure

First ID sale per Category =
//premier relevé des ventes par catégorie

MINX(
        //valeur filtrée
        Sales,
        //expression
        Sales[Sales ID]
)

169. Sélectionner une mesure dans une liste

STEP 1: Modélisation > nouvelle mesure
//créer N mesures séparément, dans ce cas deux
AvgS = AVERAGE(Sales[Sales])
TotalS = SUM(Sales[Sales])

STEP 2: home > data entry
//créer un nouveau tableau et l'appeler "Measure" et sa
colonne "Calculation".
//dans la colonne "Calculation" nous ajoutons deux enre-
gistrements "AvgSale " et " totalSale" .
//cette table est utilisée dans un "slicer"

STEP 3: Modélisation > nouvelle mesure
//cette mesure peut être utilisée dans un "graphique, une
matrice, un tableau"
//il représentera l'option qui est sélectionnée dans le slicer
Calculation type =
SWITCH(
        SELECTEDVALUE(Measure[Calculation]),
        //nom de la colonne, expression
        "AvgSale", [AvgS],
        //nom de la colonne, expression
        "totalSale", [TotalS],
        //remainder
        ""

)

170. Valeur d'un champ entre deux dates
Modélisation > nouvelle mesure

Sales from 01/05/2013 to 30/05/2014 =

```
//valeur d'un champ dans une plage de dates
CALCULATE(
        //expression
        SUM(Sales[ Sales]),
        //filtre
        DATESBETWEEN(
                //tableau
                Calendar[Date],
                //date de début
                DATE(2013,05,01),
                //date de fin
                DATE(2014,05,30)
        )
)
```

171. Calculer la valeur d'une mesure à partir d'une date jusqu'à N unités de temps (1)

Modélisation > nouvelle mesure

```
SalesSales last 15 days =
CALCULATE(
        //expression
        SUM(Sales[ Sales]),
        //filtre
        DATESINPERIOD(
                //tableau
                'Calendar'[Date],
                //date d'origine
                TODAY(),
                //période
                -14,DAY
        )
)
```

172. Calculer la valeur d'une mesure à partir d'une
date jusqu'à N unités de temps (2)
Outils de tableau > nouvelle colonne

```
Sales last 40 days =
//expression, filtre
CALCULATE(
    SUM(Sales[ Sales]),
    FILTER(
        //tableau
        ALL('Calendar'),
        //filtre
        Calendar[Date]>=TODAY()-40 &&
        Calendar[Date]<TODAY()
    )
)
```


173. Calculate value of a measure from a date up to
N time units
Modélisation > nouvelle mesure

```
Current month sales =
//exécute une expression à partir du premier jour du mois
en COURS jusqu'à présent
//la mesure est remise à zéro au début de chaque mois
TOTALMTD(
    //expression
    SUM(Sales[ Sales]),
    //tableau
    'Calendar'[Date]
)
```

174. Calculer la valeur d'une mesure depuis le début du trimestre jusqu'à la dernière date du contexte actuel.

Modélisation > nouvelle mesure

```
Current quarter sales =
//exécute une expression du premier jour du trimestre en
COURS jusqu'à présent
//la mesure est remise à zéro au début de chaque trimestre
TOTALQTD(
        //expression
        SUM(Sales[ Sales]),
        //tableau
        'Calendar'[Date]
)
```

175. Calculer la valeur d'une mesure du début de l'année à la dernière date du contexte actuel

Modélisation > nouvelle mesure

```
Current year sales (1)=
//exécute une expression du premier jour de l'année en
cours jusqu'à présent
//la mesure est remise à zéro au début de chaque année
TOTALYTD(
        //expression
        SUM(Sales[ Sales]),
        //tableau
        'Calendar'[Date]
)
```

176. Calculer la valeur d'une mesure le jour même

Modélisation > nouvelle mesure

```
Sales today =
//calcul d'une expression avec la valeur du jour actuel
CALCULATE(
        //expression
        SUM(Sales[ Sales]),
        //filtre
        Sales[Date] = TODAY()
)
```

177. Calculer la différence de temps entre deux dates

Modélisation > nouvelle mesure

```
Days per sent =
//différence de temps entre deux dates
DATEDIFF(Sales[Date2],Sales[Date],DAY)
```

178. Moyenne

Modélisation > nouvelle mesure

```
Average sales =
//montant moyen des ventes
AVERAGE(Sales[ Sales])
```

179. Somme conditionnelle

Modélisation > nouvelle mesure

```
Sales on Germany =
//somme les valeurs si elles répondent à une condition
SUMX(
    //tableau ou expression qui renvoie un tableau
```

```
FILTER(
    //tableau ou expression renvoyant un tableau
    Sales,
    //filtre
    Sales[Country]="Germany"
),
//expression
Sales[ Sales]
)
```

180. Produit conditionnel

Modélisation > nouvelle mesure

```
Total Product Tax =
PRODUCTX(
//multiplie toutes les valeurs d'une colonne qui remplis-
sent une ou plusieurs conditions
    //tableau
    'Country Tax',
    //expression
    'Country Tax'[Tax]
)
```

ADDCOLUMNS (001,008,018)
ALL (030,031,033,034,036,037,043,044,050,088,095,..)
ALLEXCEPT (102)
ALLNOBLANKROW (044)
ALLSELECTED (089,098,099)
AND (024,034,073,077,080,096,100,116,117,122,135,..)
AVERAGE (005,006,007,008,169,178)
AVERAGEX (013,014,015,016,017,053)
BLANK (023,024,026,027,038,039,044,045,046,048,070,..)
CALCULATE (028,029,030,031,032,036,038,042,050,070,..)
CALCULATETABLE (006,009,010,052,053,060,080,087)
CALENDAR (001)
CEILING (067)
COALESCE (093)
COMBINEVALUES (103,161)
CONCATENATE (159)
CONCATENATEX (091,162)
CONTAINS (112)
CONTAINSROW (111)
CONTAINSSTRING (156,157)
CONTAINSSTRINGEXACT (158)
COUNT (034,045,105,106)
COUNTAX (107,108)
COUNTBLANK (046)
COUNTROWS (013,014,015,042,043,047,048,053,122)
COUNTX (037,109,110)
CROSSFILTER (038)
CURRENTGROUP (056)
DATE (170)
DATESBETWEEN (170)
DATESINPERIOD (171)
DISTINCT (003,004)
DISTINCTCOUNT (035,041,103,105,106)
DISTINCTCOUNTNOBLANK (038,039)
DIVIDE (127,164,165)

EARLIER (028,029,047,048)
EXACT (057,058,062)
EXCEPT (059,060)
FILTER (006,034,037,043,047,053,077,080,091,096,100,..)
FILTERS (084)
FIND (141)
FIRSTNONBLANKVALUE (130,134,135)
FLOOR (066)
FORMAT (001)
GROUPBY (056)
HASONEVALUE (070,071,088,089)
IF (023,024,026,027,048,081,088,089,090,091,113,115,..)
IFERROR (127,141,142,146,148)
IN (123)
INT (068)
INTERSECT (061)
ISBLANK (045,094,128,129,138)
ISINSCOPE (090)
LASTNONBLANK (132)
LASTNONBLANKVALUE (133,136,137)
LEFT (153)
LOOKUPVALUE (012,025,026,076)
LOWER (143)
MAX (101)
MAXX (013,014,015,053,075,167)
MID (145,146)
MIN (001)
MINX (013,014,015,052,168)
MONTH (001)
NOT (124,125,128,138)
OR (119)
PRODUCTX (180)
QUARTER (001)
RANKX (088,089,090)
RELATED (030,077,078,135,137)
RELATEDTABLE (016,017)
REPLACE (147,148,149,150,151)

RIGHT (152)
ROLLUP (005,006,007)
ROLLUPADDISSUBTOTAL (054)
ROLLUPGROUP (055)
ROUND (065,166)
ROUNDDOWN (064)
ROUNDUP (063)
ROW (019)
SAMPLE (079)
SEARCH (142,146,148)
SELECTCOLUMNS (011,012,016,017)
SELECTEDVALUE (072,093,094,169)
SUBSTITUTE (154)
SUM (011,012,013,018,027,030,048,050,052,069,070,..)
SUMMARIZE (005,006,039,040,050,074,084,086,162,..)
SUMMARIZECOLUMNS (013,014,015,054)
SUMX (056,077,179)
SWITCH (081,082,083,140,169)
TODAY (001,171,175,176)
TOPN (085,087,091,162)
TOTALMTD (173)
TOTALQTD (1734
TOTALYTD (175)
TREATAS (039,060)
TRUNC (069)
UPPER (144)
USERELATIONSHIP (092)
VALUES (020,021,059,060,091,104)
YEAR (001)